Anselm Grün

Vom Zauber des Lebens

Anselm Grün

Vom Zauber des Lebens

Mit Fotografien von Tina und Horst Herzig

KREUZ

Mein Leben bekommt eine neue Qualität,
wenn ich jeden Morgen
bewusst mit dem Gedanken aufstehe:

Lebensspur

Heute grabe ich
meine ganz persönliche Lebensspur
in diese Welt ein,
damit durch mich diese Welt
ein wenig heller und wärmer
und menschlicher wird.

Nach Leben sehnen sich alle. Doch was ist Leben? Schon die frühen griechischen Philosophen haben sich ihre Gedanken über das Leben gemacht. Alles Leben – so sagt die griechische Philosophie – ist beseelt. Daher spricht sie auch von einer Pflanzenseele, Tierseele, Geistseele und sogar von einer Weltseele, die alles durchdringt. Schon der Blick in die Bibel zeigt, wie vielfältig das Phänomen des Lebens beschrieben wird. Die griechische Bibel kennt drei Worte für „Leben". Sie spricht von „zoe". Das meint „Lebensqualität, wirkliches Leben". Und dieses Wort setzt das Leben in den Gegensatz zum Tod. Nur die Lebendigen preisen Gott, nicht die Toten. Das zweite Wort ist „psyche". Wir übersetzen dieses Wort mit „Seele". In der Bibel meint es die Lebenskraft, die dem Menschen zu eigen ist. Die Seele ist für die Bibel der Träger des Lebens. Das dritte Wort ist „bios". Wir sprechen von Biologie. Bios meint „das Leben in seiner äußeren Erscheinung", die „Lebensdauer" und den „Lebenswandel".

Philosophie war bei den Griechen immer Lebensphilosophie, die die Kunst des Lebens lehren wollte. Das Leben will gelernt sein. Es braucht eine Kunst, ein Können. „Kunst“ ist für Platon „Nachahmung“. Wir erlernen die Kunst des Lebens, indem wir die Natur um uns herum nachahmen, in der uns Gott gezeigt hat, wie Leben gelingt. In der Neuzeit gab es eine eigene Lebensphilosophie, die das Phänomen des Lebens bedenkt. Friedrich von Schlegel fordert eine Philosophie des Lebens, die der Gefühlswelt des Menschen gerecht wird. Leben ist all das, was sich im Menschen äußert. Dazu gehören nicht nur sein Denken, sondern auch sein Fühlen, seine Vitalität und seine Sexualität. Die Lebensphilosophie der Neuzeit war fasziniert vom Phänomen des Lebens, vom Zauber des Lebens. In meinen Meditationen möchte ich dem Zauber des Lebens nicht philosophisch oder theologisch nachgehen. Ich möchte, von der Bibel ausgehend, Bilder des Lebens aufscheinen lassen, um von diesen Bildern her das Geheimnis und den Zauber des Lebens zu betrachten. Dem Leser und der Leserin wünsche ich, dass sie beim Lesen der Meditationen und beim Anschauen der Bilder mit dem Leben in sich selbst in Berührung kommen, dass sie lebendiger werden und Lust am Leben bekommen.

Der hl. Benedikt lädt junge Männer ins Kloster ein mit der Frage des Psalmisten: „Wer ist der Mensch, der Lust hat am Leben und gute Tage zu sehen wünscht?“ Und er antwortet auf die Frage mit einem anderen Psalmwort: „Willst du das wahre und ewige Leben haben, so bewahre deine Zunge vor Bösem und deine Lippen vor falscher Rede! Meide das Böse und tu das Gute; suche Frieden und jage ihm nach!“ *(RB, Prolog; Ps 34,13–15)*
Viele denken, wenn einer ins Kloster geht, dann will er dem Leben ausweichen. Das gibt es durchaus. Es gibt Menschen, die den spirituellen Weg gehen – im Kloster oder außerhalb –, nicht um das Leben zu suchen, sondern um dem Leben zu entfliehen. Sie haben Angst vor dem Leben. Doch für Benedikt besteht der spirituelle Weg darin, Lust am Leben zu haben. Diese Lust am Leben bedeutet nicht, alle Wünsche auszuleben, sondern das wahre Leben zu lernen. Das wahre Leben besteht darin, das Böse zu meiden und das Gute zu tun. Gutes Leben ist nur dort, wo ich gut handle und gut denke. Negative Gedanken und böse Taten trüben das Leben. Und noch etwas gehört zum Leben: den Frieden suchen, ja ihm sogar nachzujagen. Frieden, das bedeutet für die Bibel: ein Leben im Einklang mit der Natur, mit meinem Wesen.

In den Psalmen geht es immer wieder um das Thema des Lebens. Da preist der Psalmist Gott mit den Worten: „Du zeigst mir den Weg zum Leben. Vor deinem Angesicht herrscht Freude in Fülle, zu deiner Rechten Wonne für alle Zeit.“ *(Ps 15,11)* Gott selbst zeigt uns den Weg zum Leben. Seine Weisungen, seine Gebote wollen uns in die Kunst des Lebens einführen. Sie wollen uns nicht am Leben hindern, sondern es schützen und vertiefen. Leben ist für den Psalmisten verbunden mit Freude in Fülle und mit Wonne für alle Zeit. Leben hat mit Lebendigkeit, mit Hüpfen und Sich-Freuen zu tun. Wonne ist die Lust und das Genießen des Lebens. Das deutsche Wort „Wonne“ hat mit der Weide zu tun. Auf der Weide genießen die Tiere das gute Futter. Genießen ist eine eigene Kunst. Heute können so wenige Menschen das Leben wirklich genießen. Sie verschlingen ein „event“ nach dem anderen. Aber sie sind nicht im Augenblick. Sie genießen den Augenblick nicht. Genießen – so sagt uns die Psychologie – hat auch mit Verzichten zu tun. Nur wer verzichten kann, vermag auch zu genießen. Wer sofort alles in sich hineinschlingen muss, der ist unfähig zum Genießen. Das Warten erhöht den Genuss. Freude und Wonne verbindet der Psalmist mit Gott. In Gottes Nähe, in seiner Gegenwart werden wir fähig, selbst ganz gegenwärtig zu werden und den Augenblick zu genießen und uns daran zu freuen.

In Psalm 115 heißt es: „Tote können den Herrn nicht mehr loben, keiner, der ins Schweigen hinabfuhr. Wir aber, die leben, wir preisen den Herrn, von nun an bis in Ewigkeit. Halleluja." *(Ps 115,17f)* Für das Alte Testament ist nur der lebendig, der Gott lobt. Wer aufhört zu loben, lebt auch nicht mehr wirklich. Die deutschen Worte „leben" und „loben" klingen ähnlich, auch wenn sie von der Wurzel her nicht zusammenhängen. Zum Leben gehört, dass ich über mich hinausschaue, dass ich vor etwas staunend stehen bleibe, dass ich bewundere, was größer ist als ich, und dass ich das Größere lobe. Der amerikanische Schriftsteller Sinclair Lewis meinte einmal, der Snob würde an allem herumnörgeln, loben dagegen sei nichts anderes als hörbar gewordene Gesundheit. Wer lobt, der lebt wirklich. Loben bedeutet: von sich selbst wegsehen und auf den anderen schauen. Das kommt schon in der deutschen Grammatik zum Ausdruck. Ich sage nie: „Ich lobe dich", sondern: „Das hast du wunderbar gemacht." Nicht der Lobende, sondern der Gelobte ist Subjekt. Loben geschieht aber nie nur im Sprechen, sondern letztlich im Singen. Loben will sich im Singen ausdrücken. Ich besinge den, zu dem ich aufschaue. Und im Singen habe ich teil an seiner Kraft, an seinem Leben, an seiner Liebe.

Der Skeptiker unter den alttestamentlichen Autoren ist Kohelet. Er spricht davon, dass alles nur Windhauch ist. Alles ist letztlich vergebens. Es gibt nichts Neues unter der Sonne. Angesichts dieser pessimistischen Sicht der Welt gibt es aber dennoch einen Weg des erfüllten Lebens: „Mit einer Frau, die du liebst, genieße das Leben alle Tage deines Lebens voll Windhauch, die er dir unter der Sonne geschenkt hat, alle deine Tage voll Windhauch. Denn das ist dein Anteil am Leben und an dem Besitz, für den du dich unter der Sonne anstrengst.“ *(Koh 9,9)* Alles, was ich mir erworben habe, kann vergehen. Auf dem Erfolg kann ich mich nicht ausruhen. Doch die Liebe zur Frau und das Genießen des Lebens ist das, was Gott dem Menschen in dieser Welt geschenkt hat. Daher ist es gottgemäß, das Leben zu genießen. Doch beim Genießen soll der Mensch immer auch wissen, dass alles nur Windhauch ist, dass auch sein Genuss nicht bleiben wird. Es werden auch andere Tage kommen, Tage der Krankheit und Jahre, „von denen du sagen wirst: Ich mag sie nicht“. *(Koh 12,1)* So soll der Mensch bei allem, was er erlebt, an Gott, seinen Schöpfer, denken. Dann wird auch sein Genießen des Lebens das rechte Maß haben.

Das Thema „Leben“ begegnet uns vor allem im Johannesevangelium. Schon im Prolog heißt es: „In ihm war das Leben, und das Leben war das Licht der Menschen.“ *(Joh 1,4)* Leben und Licht werden hier zusammen gesehen. Leben ist nur dann wirkliches Leben, wenn es vom Licht erleuchtet ist, wenn das Leben sich selbst versteht. Wer orientierungslos, wer sinnlos lebt, der lebt nicht wirklich. Das Leben braucht einen Sinn, eine Erhellung. Heute suchen viele Menschen nach dem Sinn ihres Lebens. Nach dem österreichischen Neurologen und Psychiater Viktor Frankl werden viele Menschen krank, weil sie keinen Sinn in ihrem Leben finden. Und der Schweizer Therapeut C. G. Jung meint: „Sinnlosigkeit verhindert die Fülle des Lebens und bedeutet darum Krankheit. Sinn macht vieles, vielleicht alles ertragbar.“ Wer sein Leben lebt, ohne einen Sinn in seinem Leben zu finden, der lebt nicht wirklich. Das ist nicht das Leben, das uns Menschen entspricht. Die Frage ist, worin der Sinn des Lebens besteht. Viktor Frankl sieht drei Quellen für den Sinn des Lebens. Da sind einmal die Erlebniswerte. Wenn ich gerade etwas Schönes erlebe, frage ich nicht nach dem Sinn. Dann ist mein Leben sinnvoll. Dann folgen die schöpferischen Werte: Wenn ich kreativ etwas gestalte, erfahre ich mein Leben als sinnvoll. Und als Letztes die Einstellungswerte. Ich muss vom Geist her meinem Leben einen Sinn geben. Es braucht das Licht des Geistes, damit mein Leben selber Licht wird, wie es Johannes im Prolog sagt.

Johannes spricht nicht nur vom Leben, das wir hier leben, sondern vom ewigen Leben. Das ewige Leben ist nicht nur das Leben nach dem Tod, sondern es prägt hier und jetzt schon das Leben. Ewiges Leben ist das Leben, bei dem Zeit und Ewigkeit in eins fallen. Jeder hat das schon einmal erlebt: Ich genieße einen Sonnenuntergang. In diesem Augenblick vergesse ich die Zeit. Da steht die Zeit still. Da ist Ewigkeit. Ewigkeit ist erfüllte Zeit. Ewiges Leben ist ein Leben, in dem ich ganz bei mir bin, ganz bei dem, was ich schaue, höre und schmecke. Ich vergesse mich selbst und bin auf diese Weise ganz frei, mich auf diesen Augenblick einzulassen. Johannes sieht den Sinn der Menschwerdung Gottes in Jesus Christus darin, dass wir hier und jetzt schon das ewige Leben erfahren. „Gott hat die Welt so sehr geliebt, dass er seinen einzigen Sohn hingab, damit jeder, der an ihn glaubt, nicht zugrunde geht, sondern das ewige Leben hat.“ *(Joh 3,16)* Das ewige Leben besteht darin, dass wir an Jesus glauben. Glauben heißt für Johannes, dass wir die Welt mit anderen Augen sehen, dass wir in dem Menschen Jesus Gott sehen, dass wir in allem, was uns begegnet, Gott erkennen. Ewiges Leben besteht also nicht nur darin, dass wir ganz im Augenblick leben, sondern dass wir durchblicken, dass wir auf den Grund des Seins sehen. Dann geht uns die Fülle des Lebens auf.

Wenn mich jemand fragt, was für mich mein Lieblingswort in der Bibel ist, dann verweise ich immer auf die Rede vom guten Hirten im Johannesevangelium. Dort fasst Jesus seine Sendung zusammen mit den Worten: „Ich bin gekommen, damit sie das Leben haben und es in Fülle haben.“ *(Joh 10,10)* Mit diesen Worten Jesu möchte ich auch das beschreiben, was ich mit meiner Predigt und meiner Seelsorge beabsichtige. Ich möchte, dass die Menschen die Fülle des Lebens haben. Die Fülle des Lebens besteht nicht darin, möglichst viel zu erleben, sondern darin, intensiv zu leben, mit allen Sinnen zu leben. Das griechische Wort, das hier für „Fülle“ steht, kann man auch übersetzen: „Ich bin gekommen, damit sie das Leben haben und es im Überfluss haben.“ Das Leben soll fließen, nicht wie ein kleines Rinnsal, sondern wie ein Springbrunnen, bei dem das Wasser hoch hinausschießt und über alle Brunnenbecken hinausfließt, so dass wir uns daran erfrischen können. Das Leben stockt, wenn es aufhört zu fließen. Fließen ist ein entscheidendes Merkmal echten Lebens. Wir sagen auch: Mein Leben stimmt, wenn es fließt. Manchmal haben wir den Eindruck, dass wir innerlich vertrocknen. Oder aber alles wird mühsam. Wir müssen alles mit großer Kraftanstrengung vollbringen. Umso lebendiger fühlen wir uns, wenn das Leben einfach strömt. Es geht uns von der Hand. Es trägt Frucht für uns und für andere.

Die Worte über das Leben im Johannesevangelium gipfeln in der Selbstaussage Jesu: „Ich bin der Weg und die Wahrheit und das Leben." *(Joh 14,6)* Jesus identifiziert sich selbst mit dem Leben. Aber das, was er unter Leben versteht, hängt zusammen mit dem Weg und der Wahrheit. Lebendig ist der, der auf dem Weg bleibt. Wer stehen bleibt, wer nicht mehr weitergeht und weitersucht, der verliert das Leben. Ausdruck des Lebens ist: auf dem Weg sein. Und zum Leben gehört die Wahrheit. „Wahrheit" bedeutet für die Griechen die Unverborgenheit des Seins. Das griechische Wort „aletheia" meint, dass das Sein dem Vergessen entzogen wird. Die Griechen haben das Bild, dass über allem, was ist, ein Schleier liegt. Wir sehen die Welt und uns selbst nicht so, wie sie wirklich sind, sondern nur den Schein. Wirkliches Leben entsteht dort, wo wir durchblicken, wo wir auf den Grund sehen. Und „auf den Grund sehen" meint letztlich: Gott in allem erkennen. Gott ist der Grund allen Seins. Gottes Wahrheit und Gottes Schönheit leuchten in allem auf. Dort, wo uns das Geheimnis unseres Lebens aufgeht, dort, wo wir das Geheimnis Gottes erkennen, dort leben wir wirklich. Das Geheimnis unseres Lebens ist für das Johannesevangelium, dass wir göttliches Leben in uns haben, dass unser Leben von Gottes Lebensfülle durchdrungen ist.

Wenn wir Menschen fragen, worin der Sinn ihres Lebens besteht oder wann und wo sie sich am lebendigsten erfahren, so werden uns viele sagen: Der Sinn meines Lebens besteht in der Liebe. Dort, wo ich liebe und geliebt werde, dort fühle ich mich lebendig. Wenn wir uns verlieben und wenn der Mensch, in den wir verliebt sind, auch uns liebt, dann erleben wir uns als lebendig. Der Volksmund drückt das in vielen Bildern aus. Wir fühlen uns wie im „siebten Himmel". Die Liebe verzaubert unser Leben. Alles bekommt einen neuen Schein, eine neue Qualität. Johannes sieht das ähnlich. Wenn wir die Liebe erfahren, dann ahnen wir etwas von Gott. Denn: „Gott ist Liebe, und wer in der Liebe bleibt, bleibt in Gott, und Gott bleibt in ihm." *(1 Joh 4,16)* Die Liebe besteht nicht nur darin, dass wir lieben und geliebt werden, sondern darin, dass wir in der Liebe sind. In uns ist eine Quelle der Liebe. Die Erfahrungen, die wir mit der Liebe machen, die Erfahrung von Erfüllung und Enttäuschung, von Verzauberung und Verletzung, wollen uns aufbrechen für die Quelle der Liebe, die in uns strömt und die letztlich unabhängig davon ist, ob uns nun ein Mensch liebt oder nicht. Auf dem Grund unserer Seele strömt die Quelle der göttlichen Liebe. Sie versiegt nie. Wenn wir daraus trinken, dann dürfen wir manchmal die Erfahrung machen, dass wir Liebe sind, dass die Liebe alles in uns und um uns herum durchströmt. Dann erleben wir uns wirklich wie im siebten Himmel.

Wir träumen davon, dass unser Leben gelingt und wir glücklich werden in unserem Leben. Wir verbinden Leben mit Glück. Aber zugleich wissen wir, dass wir nicht immer glücklich sein können. Die Sehnsucht nach einem glücklichen Leben ist heute größer denn je. Überall erscheinen Bücher, die uns den Weg zum Glück weisen. Doch Glück kann man sich nicht kaufen. Es gibt keinen Trick, glücklich zu sein. Und doch zeigen uns die Philosophie und die Spiritualität Wege zu einem glücklichen Leben. Jesus weist uns in den acht Seligpreisungen der Bergpredigt einen Weg, wie unser Leben gelingen kann. Jesus preist die selig, die arm sind im Geist, die an nichts hängen, die innerlich frei sind, die – wie Buddha sagen würde – an nichts anhaften. Das deutsche Märchen „Hans im Glück" bringt diese Erfahrung schön zum Ausdruck. Als Hans alles, was er erworben und immer wieder gegen etwas anderes eingetauscht hat, verliert, da dankt er Gott und ruft aus: „So glücklich wie ich gibt es keinen Menschen unter der Sonne." Er braucht nichts anderes zum Glück, als einfach zu leben. Und so endet das Märchen mit den Worten: „Mit leichtem Herzen und frei von aller Last sprang er nun fort, bis er daheim bei seiner Mutter war." Einfach nur zu leben, darin besteht das Glück. Und daheim sein bei sich selbst und bei seiner Mutter, mit sich selbst mütterlich umgehen, sind Voraussetzungen für das gelingende Leben.

Der Gedanke an den Tod zeigt uns, dass unser Leben endlich ist. Wir werden so, wie wir sind, nicht ewig weiterleben. Wir werden sterben. Aber zugleich glauben wir an das ewige Leben, an das Leben nach dem Tod. Das Leben nach dem Tod ist nicht einfach eine Fortsetzung dieses Lebens. Es ist ein Leben, in dem alle unsere Sehnsüchte erfüllt werden, ein Leben ganz im Augenblick. Ewiges Leben ist ja kein lange dauerndes Leben, sondern das Leben, das reine Gegenwart ist. Der Schweizer Therapeut C.G. Jung meint, nur wer an ein Leben nach dem Tod glaube, werde sein Leben hier in seiner ganzen Fülle leben. In einem Aufsatz über „Seele und Tod" schreibt er, wir könnten das Leben nach dem Tod nicht beweisen. Doch die Weisheit unserer Seele weiß darum, dass mit dem Tod nicht alles aus ist, sondern dass uns etwas erwartet, was all unsere Vorstellungen vom Leben übertrifft. Wer gegen die Weisheit seiner Seele lebt, der wird krank. Er muss sich festklammern an dem, was er hat. Er ist unfähig, seinen Besitz, sein Leben, sein Ego loszulassen. Doch ohne das Alte loszulassen, kann nichts Neues werden. Der Glaube an das ewige Leben, das uns im Tod erwartet, ist daher für C.G. Jung die Bedingung, hier und jetzt erfüllt zu leben, gelassen zu leben, dankbar zu genießen und zugleich loszulassen, was uns geschenkt ist.

Jeder kennt Lebensträume. Als Kind hat er davon geträumt, ein Prinz oder eine Prinzessin zu werden. Er hat geträumt, eine große Familie zu gründen. Oder er hat davon geträumt, ein großer Schauspieler oder Sänger oder Fußballspieler zu werden. Doch das Leben erfüllt uns nicht immer unsere Träume. Und dennoch sind die Lebensträume starke Antreiber zum Leben. Wer sich etwas vom Leben erträumt, der hat ein Ziel. Er wird sich anstrengen, ein guter Fußballer zu werden. Er wird seine sängerischen Fähigkeiten üben und entfalten. Viele tun sich schwer, mit den zerplatzten Lebensträumen umzugehen. Doch wenn ein Lebenstraum zerbrochen ist, muss das Leben nicht zerbrechen. Vielmehr ist es unsere Aufgabe, diesen Lebenstraum nochmals zu betrachten. Dann werde ich erkennen, dass mein Lebenstraum größer und weiter ist als das, was ich konkret gelebt habe. Wenn ich den Lebenstraum von einer großen Familie hatte, mein Weg aber nicht dazu geführt hat, so bedeutet das nicht, dass ich im Leben gescheitert bin oder dass ich nun den alten Träumen nachtrauern muss. Vielmehr geht es darum, die Essenz meines Lebenstraumes zu bedenken und sie jetzt in mein Leben zu integrieren, das ich momentan lebe. Dann wird mein Leben eine neue Qualität bekommen.

In Gesprächen höre ich immer wieder: Mein Leben ist nichts Besonderes. Ich kann in meinem Leben nichts vorweisen. Die Welt geht auch ohne mich weiter. Diese Menschen entwerten sich selbst und ihr Leben. Für mich besteht der Sinn des Lebens darin, dass ich meine ganz persönliche Lebensspur in diese Welt eingrabe. Es muss nicht immer ein großes Werk sein, das ich hinterlasse, ein Projekt, das durch mich angestoßen wurde, eine Stiftung, die ich gegründet habe, Bücher, die ich geschrieben habe. Jeder von uns gräbt durch sein Dasein eine Spur in diese Welt ein. Es kommt nur darauf an, die eigene Lebensspur zu entdecken. Ich finde sie, wenn ich in meine Lebensgeschichte hineinschaue und überlege, was Gott mir an Fähigkeiten geschenkt hat. Vielleicht habe ich die Gabe, gut zuzuhören oder freundlich zu sein, Frieden zu stiften, eine gute Atmosphäre zu verbreiten, anderen Geborgenheit zu schenken oder andere zu ermutigen oder aufzurichten. Jeder von uns hat von Gott eine Gabe bekommen. Manchmal entdecken wir unsere Fähigkeiten gerade auf dem Hintergrund unserer Verletzungen, die wir erfahren haben. Unsere Wunden können in Perlen verwandelt werden, wie Hildegard von Bingen es einmal ausgedrückt hat. Mein Leben bekommt eine neue Qualität, wenn ich jeden Morgen bewusst mit dem Gedanken aufstehe: Heute grabe ich meine ganz persönliche Lebensspur in diese Welt ein, damit durch mich diese Welt ein wenig heller und wärmer und menschlicher wird.

ROBERT THE

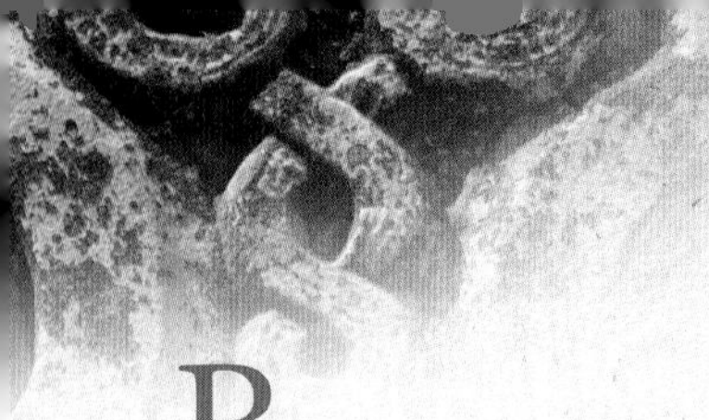

Bei meinen Kursen lasse ich manchmal einen Nachruf schreiben. Die Teilnehmer und Teilnehmerinnen des Kurses sollen sich überlegen: Was soll an meinem Lebensende über mich gesagt werden? Mit welchen Worten sollte die Essenz meines Lebens ausgedrückt werden? Und dann bitte ich die Leute einfach zu schreiben, was ihnen in den Sinn kommt und ihnen einfällt. Es ist interessant, was da oft herauskommt. Manche haben Angst vor zu großen Worten. Sie haben das Gefühl, über sie könne man doch gar nicht viel sagen. Sie hätten ja nichts geleistet. Aber darum geht es gar nicht. Der Gedanke, seinen eigenen Nachruf zu schreiben, fordert uns heraus, den Wert und die Einmaligkeit unseres Lebens zu bedenken. Und er lädt uns ein, uns bewusst zu werden, was wir gerne mit unserem Leben vermitteln möchten. Woran sollen die Menschen denken, wenn sie sich meiner erinnern? Was soll ihr Geschmack von mir sein? Welche Bilder sollen in ihnen da hochkommen? Wir brauchen keine Angst vor zu großen Worten zu haben. Wir wissen, dass wir alle durchschnittlich sind und unsere Fehler und Schwächen haben. Aber zugleich sollten wir vertrauen, dass wir mit unserem Leben etwas Einmaliges sind, dass wir in dieser Welt etwas zum Ausdruck bringen, was nur durch uns ausgedrückt werden kann.

Das Leben beginnt mit der Geburt und endet mit dem Tod. So ist die landläufige Meinung. Doch das Leben ist eine ständige Geburt. Wir werden nicht nur am Beginn unseres Lebens geboren. Wir sprechen ja auch in unserem Leben öfter von einer Neugeburt. Oder wenn sich ein Problem gelöst hat, sagen wir: „Das war eine schwere Geburt." Unser Leben ist ein ständiges Geborenwerden. Wir werden immer mehr zu dem einmaligen und einzigartigen Menschen, zu dem uns Gott geschaffen hat. Dazu müssen wir durch einen Geburtskanal hindurchgehen. Oft genug ist die Geburt des Neuen in uns genauso schmerzlich wie die erste Geburt. Die geistliche Tradition spricht davon, dass Gott in uns geboren wird. Die Gottesgeburt in unserem Herzen bedeutet, dass wir mit dem einmaligen Wort in Berührung kommen, das Gott über uns bei unserer ersten Geburt gesagt hat. Wenn Gott in uns geboren wird, dann klären sich all die Worte, die dieses Urwort Gottes in uns getrübt haben, Worte wie: „Ich bin nicht richtig. Mit mir kann es niemand aushalten. Ich mache alles verkehrt." Durch viele Geburten hindurch sollen wir immer mehr in das wahre Leben gelangen, in das einmalige Leben, das uns Gott zugedacht hat. Und unsere wahre Gestalt soll durch die vielen Geburten immer klarer in uns und durch uns in dieser Welt aufleuchten.

Es gibt die bekannte Übung, man solle sich überlegen, welche drei Dinge man auf eine einsame Insel mitnehmen würde. Die Übung soll uns daran erinnern, was wir zum Leben wirklich brauchen. Ist es nötig, dass wir viel Geld haben? Sind mir Anerkennung und Bestätigung wichtig? Benötige ich viele Bücher oder CDs? Viele werden sagen, dass sie zum Leben vor allem Gesundheit brauchen – oder Zufriedenheit oder Dankbarkeit oder Liebe. Je mehr wir über diese Frage nachdenken, umso klarer wird uns werden, dass nur wenig nötig ist, um wirklich leben zu können. Der eine nimmt die Bibel mit, weil er in ihr die ganze Weisheit der Welt entdeckt und weil er darin Gottes Wort liest und im Lesen und Meditieren Gott begegnet als dem, der ihn liebt und sein Leben trägt. Der andere nimmt die Bilder seiner geliebten Frau und seiner geliebten Kinder mit. Die Erinnerung an diese Menschen wird sein Leben erfüllen und ihm Sinn geben. Er wird sich immer wieder voller Dankbarkeit an die Menschen erinnern, die ihn lieben und die er liebt. In der Erinnerung wird er in Berührung kommen mit der Liebe, die in ihm ist. Die Erinnerung wird sein Leben erfüllen mit dem Geschmack der Liebe. Was brauchen Sie, um wahrhaft und erfüllt leben zu können?

Nach Leben sehnen wir uns alle. Doch viele machen die Erfahrung, dass ihr Leben nicht mehr lebenswert ist. Sie möchten nicht mehr leben. Sie sehen keinen Sinn darin. Sie haben Angst vor den Schmerzen, die sie erwarten, Angst vor dem Kontrollverlust, wenn sie sterben. So gibt es eine Tendenz in unserer Gesellschaft, dem Leben selbst ein Ende zu bereiten, wenn es nicht mehr als lebenswert erscheint. Doch die Frage ist: Wann ist das Leben nicht mehr lebenswert? Manchmal hat man den Eindruck, dass Leben mit blühender Gesundheit und Kraft gleichgesetzt wird. Und alles, was diesen Bildern vom Leben widerspricht, nimmt dem Leben seinen Sinn und seinen Wert. Doch damit reduzieren wir das Leben auf ein Scheinleben. Nur was nach außen hin glänzt, ist lebenswert. Die Kunst des Lebens besteht darin, auch im Leid einen Sinn zu sehen. Wenn eine Krankheit mich trifft, werde ich nicht sofort einen Sinn darin erkennen. Aber ich kann ihr einen Sinn geben. Die Krankheit zerbricht meine Vorstellungen, die ich mir vom Leben gemacht habe. Aber wenn ich mir meine Vorstellungen vom Leben zerbrechen lasse, dann sollte ich nicht am Leid zerbrechen. Vielmehr werde ich aufgebrochen für das wahre Leben, aufgebrochen für mein wahres Selbst und aufgebrochen für den unbegreiflichen Gott, der aber dennoch Liebe ist: unbegreifliche und unermessliche Liebe. Ich war mitten im Leben.

Doch bei aller christlichen Bejahung von Krankheit und Leid – was kann ich einem Menschen sagen, der von Depressionen heimgesucht wird und das Gefühl hat, in einem dunklen Loch zu stecken? Was sage ich einer Mutter von kleinen Kindern, die an Krebs erkrankt ist, der zum Tode zu führen scheint? In solchen Situationen kann ich nicht einfach vom Leben schwärmen. Da helfen nicht billige Vertröstungen. Ich muss mir vielmehr selbst bewusst werden: Wie könnte ich in dieser Situation mein Leben verstehen und bewältigen? Ich habe mir weder den Krebs noch die Depression ausgesucht. Sie haben meine Lebenspläne durchkreuzt. Ich muss zunächst die scheinbare Sinnlosigkeit der Krebskrankheit aushalten und die Dunkelheit meiner Depression. Und dann kann ich Gott bitten, dass ich in meiner Krankheit in Berührung komme mit meinem innersten Wesen, mit dem wahren Selbst in mir, das nicht von der Krankheit infiziert ist, das nicht von der Depression verdunkelt ist. Ich glaube daran, dass in mir ein heiler und klarer Kern ist, das ursprüngliche Bild, das Gott sich von mir gemacht hat. Die Krankheit zwingt mich, Abschied zu nehmen von all den äußeren Vorstellungen vom Leben und das Leben auf das Wesentliche zu konzentrieren. Es geht darum, dass ich in meiner Krankheit und Schwäche durchlässig werde für das göttliche Leben, für ein Leben, das mehr ist als Gesundheit und Kraft, für das Leben Gottes, das zugleich Leben und Licht ist. Die Erfahrung von kranken Menschen, die dieses göttliche Licht, die göttliche Liebe ausgestrahlt haben, gibt mir die Hoffnung, dass auch ein solches Leben in Krankheit und Schwachheit noch einen Sinn hat, dass es zum Zeichen der Hoffnung und der Liebe werden kann für die Menschen.

Damit das Leben gelingt, muss ich Ja zu meinem Leben sagen. Das ist nicht immer einfach. Doch in der Begleitung vieler Menschen erfahre ich immer wieder, dass das Leben dann zu blühen beginnt, wenn ich es bejahe. Viele sind mit ihrem Leben nicht zufrieden. Sie haben sich ein anderes Leben vorgestellt. Doch wir können uns das Leben nicht immer aussuchen. Es gibt aber keinen Augenblick in unserem Leben, in dem wir nicht neu beginnen können, es zu gestalten. In dem Augenblick, in dem ich mein Leben und meinen Lebensweg bejahe, so wie er bisher gelaufen ist, wird mein Leben einen neuen Verlauf nehmen. Es wird nicht in eine Sackgasse führen. Mein Leben zu bejahen bedeutet jedoch auch, zur Begrenztheit meines Lebens zu stehen. Ich erlebe manchmal Menschen, die meinen, sie brauchten nur den Willen zu einem erfolgreichen Leben tief genug in ihr Unbewusstes einzuprägen, dann würden sie auch Erfolg haben. Das halte ich für Unsinn. Wir können nicht alles, was wir wollen. Doch wenn ich Ja sage zu meinem Leben, so wie es geworden ist, dann entdecke ich, dass ich aus dem Material, das mir vorgegeben wurde, etwas Schönes gestalten kann. Wenn mir mein Lebensmaterial wie Stein vorkommt, dann kann ich aus dem Stein eine schöne Figur hauen. Wenn mein Lebensmaterial leicht und fügsam ist wie Ton, dann werde ich daraus eine schöne Gestalt formen. Das Ja zu meinem Leben ist die Bedingung, dass mein Leben lebenswert wird.

Im Frühling haben wir oft den Eindruck, dass das Leben stärker ist als der Tod. Das Leben bricht überall hervor. Es blüht auf. Wenn wir im Frühling durch die Natur wandern, dann fühlen wir uns selbst voller Leben. Das Leben, das die Natur durchdringt, erfüllt auch unseren Leib und unsere Seele. Das Leben, das wir in der Natur wahrnehmen, ist letztlich auch göttliches Leben. Denn die Natur ist von Gottes Geist durchdrungen, sogar von seiner Liebe erfüllt. Um uns lebendig zu fühlen, ist es daher gut, in die Natur hinauszugehen und uns durchwehen zu lassen vom Wind, uns durchwärmen und durchleuchten zu lassen von der Sonne und uns von der Schönheit der Schöpfung berühren zu lassen. Wir sind Teil der Schöpfung. Wir sind Teil des Lebens, das um uns herum aufblüht. Und dieses Leben ist nicht totzukriegen. Im Winter dachten wir, alles sei kahl und abgestorben. Doch im Frühling blüht es wieder auf, schöner als je zuvor. Das gibt uns die Hoffnung, dass auch unser Leben durch alle Phasen der Erstarrung, der Kälte, der Leere, des Absterbens hindurch doch immer wieder neu aufblüht und zum Segen wird für andere Menschen.

Wenn ich mich am Schluss meiner Betrachtungen frage, was ich selbst zum Leben brauche, dann fällt mir Folgendes ein: Ich brauche zum Leben immer wieder die Stille. In der Stille komme ich in Berührung mit meinem wahren Wesen. Da fallen all die Trübungen weg, die mein wahres Selbst verdunkeln. Da entdecke ich, wer ich bin. Und in der Stille begegne ich Gott. Da erlebe ich Gott als den Grund meines Lebens, aber zugleich auch als das Ziel meiner Sehnsucht. Ich brauche zum Leben aber auch die Begegnung mit Menschen. Ich weiß, dass ich mich in der Stille auch vom Leben zurückziehen kann. Die Stille und die Einsamkeit rufen nach der Begegnung mit Menschen. Im Gespräch mit ihnen blüht das Leben auf. Da entwickeln sich neue Gedanken. Da entsteht Nähe. Ich spüre mich selbst ganz anders, wenn ich die Nähe eines lieben Menschen spüre. In der Begegnung mit einem lieben Menschen begegne ich mir selbst und begegne ich Gott. Da geht mir Gottes Liebe und Gottes Freundschaft mit mir auf neue Weise auf. Und ich brauche zum Leben Bücher. Im Lesen tauche ich in eine eigene Welt ein. Diese Welt erweitert meine begrenzte Welt. Mein Leben wird bunter. Ich entdecke den Reichtum meiner eigenen Seele. Und ich brauche für mein Leben die Musik. Im Hören von Musik wird meine Seele beflügelt. Da wird mein Herz weit. Und wenn ich selber singe, dann komme ich durch das Singen in Berührung mit dem Innersten meines Herzens. Und dort spüre ich die Essenz meines Lebens: die Freude und die Liebe.

Manchmal fragen mich die Menschen, was mein Lebensmotto ist, was ich mit meinem Leben bewirken möchte. Das Ziel meines Lebens sehe ich darin, dass ich immer durchlässiger werde für den Geist Jesu Christi, für seine Liebe, die die Menschen ermutigt, aufrichtet und sie bejaht und heilt. Ich spüre, dass sich in alles, was ich tue, immer auch mein Ego hineinmischt und die Durchlässigkeit verhindern möchte. So sehe ich es als meine Aufgabe, mein Ego loszulassen. Meine tiefste Sehnsucht kann ich nicht anders ausdrücken als mit den Worten des hl. Paulus, der sicher eine ähnliche Erfahrung mit seinem eigenen Ego gemacht hat, das ihn ja in der ersten Lebenshälfte an einem intensiven Leben gehindert hatte: „Nicht mehr ich lebe, sondern Christus lebt in mir." *(Gal 2,20)* Damit ich durchlässig werde für den Geist und die Liebe Jesu Christi, müssen Bedingungen geschaffen werden, an denen ich arbeite. Die erste Bedingung ist das weite Herz. Gott – so sagen die Kirchenväter – vermag nur in einem weiten Herzen zu wohnen. Und die zweite Bedingung: die Freiheit. „Zur Freiheit hat uns Christus befreit" *(Gal 5,1)*. Diese innere Freiheit möchte ich immer mehr einüben. Ich möchte frei sein von Abhängigkeiten, frei vom Hängen am Besitz, frei von der Suche nach Anerkennung und Bestätigung. So hoffe ich, dass mein Leben durch die Weite und Freiheit durchlässig wird für die Liebe Gottes, die uns in Jesus Christus am klarsten aufgeleuchtet ist, und dass mein Leben so zum Segen wird für viele.

Im Kreuz Verlag sind ebenfalls von Anselm Grün erschienen:

Anselm Grün
Vom Zauber
des Alltäglichen
ISBN 978-3-7831-2877-2

Anselm Grün
Vom Zauber
der Liebe
ISBN 978-3-7831-2945-8

Anselm Grün
Vom Zauber
des Augenblicks
ISBN 978-3-7831-3226-7

Anselm Grün
Vom Zauber
der Muße
ISBN 978-3-7831-3082-9

Bibliografische Information der Deutschen Bibliothek
Die Deutsche Bibliothek verzeichnet diese Publikation in der Deutschen Nationalbibliografie; detaillierte bibliografische Daten sind im Internet über http://dnb.ddb.de abrufbar.

Postfach 80 06 69, 70506 Stuttgart

www.kreuzverlag.de

Umschlaggestaltung, Innengestaltung und Reproduktion: Atelier Lehmacher, Friedberg (Bay.), www.lehmacher.de
Umschlagbild: PantherMedia / Andreas H.
Autorenfoto: © Gudrun Bublitz, Stuttgart
Bilder des Innenteils: Tina und Horst Herzig, Bensheim, www.herzig-foto.de
Druck: Himmer, Augsburg

ISBN 978-3-7831-3355-4